Cette Brochure se vend cinquante centimes, chez **M. DELBOY**, Libraire, rue de la Pomme, au profit de la Propagation des **CRÈCHES**.



# PROJET
## D'UNE
# CRÈCHE-MODÈLE
# A TOULOUSE,

PAR S.-F. BERNARD.

TOULOUSE,
IMPRIMERIE DE J.-P. FROMENT,
Rue des Gestes, 6.

1846

# PROJET

D'UNE

# CRÈCHE-MODÈLE

# A TOULOUSE.

> L'enfant, si tendrement aimé du Christ, l'enfant ne doit pas souffrir.
>
> Jules Delbruck.

Sous le nom symbolique de CRÈCHE, adopté en souvenir de la naissance du Christ, M. Marbeau a créé, à Paris, la première Salle d'Asile pour les enfants pauvres au-dessous de deux ans. La mère dépose son nourrisson, le matin, à la Crèche; elle vient l'allaiter à l'heure des repas, le reprend le soir, et peut ainsi librement disposer de sa journée.

Son rude labeur non interrompu lui assure un salaire qui lui garantit le bien-être matériel, et elle trouve dans son sein un lait bienfaisant que n'ont pas appauvri les dures privations de la faim. Ce lait, plus riche, plus substantiel, n'a pas été aigri par les tortures morales de l'inquiétude qui déchiraient son cœur, lorsque forcée par le besoin elle confiait son enfant aux soins d'une mercenaire, ou bien lorsque plus malheureuse encore elle le délaissait dans son berceau solitaire *à la garde de Dieu.*

Le rapport du docteur Cachet, celui du docteur Izarié, sur deux Crèches de Paris, démontrent *qu'un changement heureux dans la santé des enfants est incontestablement dû aux soins dont on les entoure, à la bonne nourriture qu'on leur donne avec mesure, intelligence et régularité.*

La mère travaille sans inquiétude ; le frère ou la sœur que la nécessité constituait gardiens, fréquentent l'école, et la famille entière éprouve les plus heureux effets de la création des Crèches.

La première Crèche fut ouverte le 14 novembre 1844. En 1845, M. Marbeau en constatait les excellents résultats ; et cependant, de l'aveu même du fondateur, la première Crèche n'était qu'un essai sur une échelle très-modeste, une ébauche imparfaite. La nécessité se faisait sentir d'un établissement plus complet, et M. Marbeau écrivait les lignes suivantes :

« Mais il importe d'avoir un local disposé suivant les be-
» soins ; il faut une Crèche véritable, une Crèche qui puisse
» servir de *modèle.* »

(Marbeau. — Des Crèches, — page 52, troisième édition).

Plusieurs villes de France et de l'étranger ont déjà fondé des Crèches... Partout des comités se forment dans le but d'en établir de nouvelles... A Toulouse, grâce à l'initiative du conseil municipal, on s'occupe activement de la création d'une Crèche avec les fonds communaux. Cette Crèche, destinée, selon toutes les probabilités, au quartier *Arnaud-Bernard*, sera, sans doute, établie sur le même plan que celles de Paris, car les municipalités se montrent prudemment circonspectes en essais de tout genre. Avares des deniers de la commune, elles ne peuvent ni ne doivent les risquer dans la voie aventureuse des innovations, et laissent à la charité privée le périlleux honneur de faire des essais à ses risques et périls. Du reste, la fondation de la Crèche projetée par le conseil municipal, serait décidée prochainement et les fonds seraient votés, que de long-temps encore la ville n'en pourrait jouir, par suite des formalités que la loi prescrit pour l'emploi de toutes les sommes portées au budget communal.

ET CEPENDANT IL Y A URGENCE ! Riches, qui vous réjouissez de la naissance d'un héritier, de ce fruit si cher d'une union jusqu'alors inféconde, apprenez ce qui se passe là-bas dans un réduit obscur, quand, dans la demeure du pauvre, un nouvel enfant vient accroître la misère.

« Dans un réduit humide et délabré, moins qu'une mai-
» son, plus qu'un étable, respire une famille pauvre,
» nombreuse, torturée par les maladies, un nouvel en-
» fant vient de naître; on dépose le nouveau venu sur
» quelque chose; un meuble, plus qu'une Crèche, moins
» qu'un lit. Un chien peut-être a réchauffé de son souffle
» la pauvre créature qui a froid et qui se plaint. La mère
» a considéré son sein tari par la souffrance et les priva-
» tions, et le père, ses bras amaigris par le travail... ; et
» tous deux se sont regardés en silence, et des larmes
» muettes ont sillonné leurs visages. Le père a pensé qu'il
» faudra travailler plus rudement encore; que dans deux
» années, trois années, il faudra couper le pain en por-
» tions plus nombreuses, par conséquent plus petites... Que
» deviendra ce malheureux enfant! ah! pitié, pitié pour
» lui! pitié pour sa pauvre mère! pitié pour la malheureuse
» famille!... »

C'est M. l'abbé Coquereau qui vous le dit : le croirez-vous? hésiterez-vous encore?

Il y a urgence !

Mères riches qui, dans les souffrances cruelles de l'enfantement, avez trouvé un sujet de joie et d'ineffable consolation, vous qui, dans les ardentes caresses que vous prodiguez à votre enfant, puisez un aliment nouveau pour votre amour, apprenez que là-bas, des mères, comme vous, ont douloureusement entendu le premier vagissement du nouveau-né. Cet amour maternel que Dieu a donné aux créatures les plus infimes de la création, ces mères pauvres l'ont étouffé sous la dure loi de la fatale nécessité de vivre, et peu à peu, à force de souffrir des douleurs de leur enfant, elles ne trouvent plus dans leur cœur une fibre qui puisse vibrer encore, et s'endurcissent jusqu'à désirer la mort de la pauvre créature à laquelle est réservée une si dure existence ! Elles étaient mères pourtant comme vous ?

Mères riches, vous pouvez mettre un terme à toutes ces misères : Que votre pieuse charité, stimulée par l'amour maternel, se mette promptement à l'œuvre. Dames fondatrices, patronnesses allez partout quêtant pour la Crèche, et vos efforts seront récompensés par le succès ; car déjà, à la suite d'une leçon publique sur les Crèches, des hommes de tous les rangs et de toutes les conditions, se sont cotisés généreusement pour couvrir les premiers frais d'impression de cet appel et du plan de Crèche, qui y est expliqué et développé.

Quand M. Marbeau voulut fonder sa Crèche, il s'adressa à la charité individuelle, et de nobles dames se mettant courageusement à l'œuvre, la Crèche fut bientôt établie.

Si vous le voulez, femmes, qu'on rencontre toujours là où il y a une douleur à soulager, une misère à secourir, si vous le voulez, Toulouse pourra bientôt offrir l'exemple de cette Crèche-Modèle dont M. Marbeau sollicite la fondation.

# Explication des Figures.

1re Figure. — Plan de l'Etablissement entier. — 32 mètres sur 18.

## Distribution Intérieure.

Cour. — 32 mètres sur 4.

Jardin. — 32 mètres sur 4.

Aux quatre angles, maisonnettes à base triangulaire, 4 sur 4 en équerre.

Grande salle a 60 nattes. — 20 mètres sur 10.

Petite salle a 20 nattes. — 10 mètres sur 4 m. 50 c.

Cuisine. — 4 mètres sur 3 m. 50 c.

Etendoir et magasin. — 6 mètres sur 3 m. 50 c.

Parloir. — 7 mètres sur 2.

Pharmacie. — 3 mètres sur 2.

## Grande Salle à 60 nattes. — Détails de l'Intérieur.

Les soixante nattes ou petis hamacs en osier sont distribuées sur trois rangées de 20 nattes chacune.

Les nattes, suspendues à un mètre du sol, sont distribuées dans chaque série par 4-4-5-4-3. — Elles sont figurées en projection par les petits rectangles indiqués, dans la figure, en groupes à côté des lettres N. Les chiffres 1, 2, 3, 4, 5, désignent les groupes.

Entre la rangée supérieure et le mur, il y a un espace de 80 centimètres.

Même espace entre la rangée inférieure et le mur.

La rangée médiane est séparée des deux autres par un espace de trois mètres.

Sur la largeur, du côté du mur d'enceinte aux nattes, un espace de 80 centimètres.

Du côté du corridor, 2 mètres.

Sur chaque rangée, entre les groupes 1 et 2 — 2 et 3, etc., un espace de 80 centimètres.

**Petite Salle à 20 nattes. — Détails de l'Intérieur.**

Deux rangées seulement de nattes, de dix nattes chacune, distribuées par 2-2-3-2-1.

De chaque rangée au mur, sur la longueur, 70 centimètres.

Entre les groupes désignés par les chiffres 6, 7, 8, etc., un intervalle de 60 centimètres.

Entre les deux rangées, 1 mètre 80 centimètres d'intervalle.

Les nattes de la grande salle ont chacune 80 centimètres de longueur sur 70 centimètres de largeur; celles de la petite salle n'ont que 65 centimètres en longueur et autant en largeur.

Cuisine. — Eclairée par une croisée sur le jardin et par la cloison vitrée sur le parloir. — C'est là qu'est la grande chaudière distribuant l'eau chaude dans tous les points, et le calorifère duquel partent les tuyaux qui maintiennent une température constante et uniforme.

Etendoir et magasin. — De chaque côté sur la largeur, sont adossés au mur des casiers numérotés à 80 cases, une case pour le linge de chaque enfant.

Sur la longueur est établi l'étendoir ou séchoir.

2me Figure. — Coupe des deux salles sur la ligne A B.

Une tringle en fer fixée dans les deux murs et soutenue par deux tringles figurées sur la deuxième et quatrième fenêtre, sert de support aux nattes.

Une tringle à mouvoir les nattes est mobile d'avant en arrière. Chaque groupe s'y fixe par un crochet que l'on peut ôter lorsque le groupe n'a plus besoin de balancement.

Cette coupe fait voir la distance à laquelle les nattes sont tenues du sol, leur moyen de support et de balancement, et leur position par rapport aux croisées.

On n'y voit qu'une rangée de nattes.

3me Figure. — Coupe sur la ligne C D.

On voit ici la première natte de chacune des trois rangées indiquées dans le plan (grande salle), par les lettres N N N.

La natte est plus élevée du côté où se place la tête de l'enfant.

Le point où se réunissent les deux fils de fer qui soutiennent la natte, représente la partie de la tringle en fer à supporter. La petite ligne noire qui part du milieu de chaque natte, figure le crochet qui embrasse la tringle à balancer. — Des deux côtés, le jardin et la cour avec les bâtiments des angles.

4me et dernière Figure. — Détails du groupe n° 3.

Cette figure représente les nourrissons dans leur natte. — Une seule a été laissée vide afin que la disposition fût mieux comprise.

Les nattes sont supportées aux quatre angles par des fils de fer qui viennent se fixer sur la tringle supérieure.

Le crochet qui rallie le groupe à la tringle à mouvoir, est figuré au-dessous de la natte médiane.

A part les deux nattes extrêmes, toutes ont leurs deux parois communes.

Les parois des nattes étant à jour, l'air circule librement dans l'intérieur.

## Supériorité de la Crèche-Modèle.

L'expérience a démontré les avantages des Crèches, et le mouvement qui se produit dans presque toutes les villes de France, prouve que la nécessité de cette institution est vivement sentie... En quoi notre Crèche-Modèle diffère-t-elle des Crèches déjà fondées ? Quels sont les avantages résultant des innovations? Voilà les deux questions qu'il faut résoudre pour faire comprendre la supériorité de notre modèle.

Les innovations importantes et caractéristiques de la Crèche-Modèle sont les suivantes :

*Distribution des enfants en deux salles séparées.*

*Dans chaque salle la distribution en rangées de berceaux par groupes.*

*Création de la cuisine et de l'infirmerie.*

Sur un nombre assez considérable d'enfants, l'expérience démontre que le quart se compose de lutins, braillards éternels, tandis que les autres sont d'un caractère doux, et ne pleurent que très-rarement : de plus, les nourrissons jusqu'à l'âge de six à huit mois sont plus bruyants qu'après cet âge...

La petite salle a pour but d'isoler de la masse les nourrissons les plus jeunes et les plus difficiles, afin que le repos des nourrissons calmes ne soit pas troublé par les cris des premiers, et que les berceuses aient moins de peine pour soigner leurs jeunes élèves.

La distribution des berceaux en rangées parallèles, nécessitée par les exigences de l'espace dans la petite salle, trouve dans la nature même, sa justification pour la salle à 60 nattes.

Chacune des trois rangées parallèles reçoit des nourrissons de tout âge.

La rangée médiane reçoit ceux qui ont le plus souvent besoin des soins de la berceuse.

Dans chaque rangée le groupe du milieu reçoit les enfants les plus âgés, par conséquent les plus tranquilles, et qui déjà savent demander ce dont ils sentent le besoin. Des deux côtés, par gradation conforme à l'âge, se distribuent les nourrissons jusqu'au dernier groupe de droite et de gauche où se trouvent les plus jeunes, près du siége de la berceuse de garde.

Les nourrissons ainsi groupés par caractères et par âges, élevés uniformément sentent, aux mêmes heures, le besoin du repos. Les groupes étant balancés par la tringle à mouvoir les nattes à laquelle une simple berceuse communique un mouvement de va et vient très-doux, les surveillantes les isolent en détachant le crochet de la tringle dès que chaque groupe est endormi.

Une disposition très-simple permet à une seule berceuse de mettre en mouvement toutes les nattes avec une pédale qui, à l'aide de poulies de renvoi est en communication avec les trois tringles inférieures. Un crochet fixé à la natte du milieu, dans chaque groupe, prend un anneau que porte la tringle tant que le groupe a besoin de balancement; et la surveillante veille sur les groupes pour détacher le crochet quand tous les nourrissons reposent.

L'infirmerie reçoit momentanément les enfants atteints de maladies contagieuses, et dont la présence dans la salle commune pourrait être dangereuse.

C'est à la cuisine que se préparent les aliments destinés aux nourrissons sevrés, ainsi que les repas des berceuses. Un seul foyer sert à toutes les dépenses de l'établissement, en calorique.

### Avantages qui résultent des dispositions générales.

L'observation nous apprend que les enfants braillards ne crient plus autant quand ils se trouvent à côté de leurs pareils. Il en est, en cela, des enfants comme des hommes querelleurs dont le ton et les manières s'humanisent en présence d'hommes de leur trempe. Outre l'avantage qu'offre aux berceuses et aux enfants d'un caractère plus calme la séparation des braillards, il y en a un autre plus important qui résulte du fait signalé aux premières lignes de ce paragraphe, c'est l'amélioration du caractère des lutins, amélioration que les berceuses *souffre-douleurs* de la petite salle apprécieront promptement.

La concentration, dans la cuisine, à un seul foyer, de toutes les dépenses en combustible, contribue puissamment à l'économie. L'hygiène commande cette disposition ; car on peut alors sans inconvénient utiliser la houille comme combustible, ce qui ne serait pas sans danger, si le poêle était situé dans les salles, comme cela a lieu dans les Crèches ordinaires.

Huit berceuses, la berceuse en chef comprise, suffisent à l'établissement modèle de quatre-vingts enfants. Il en faudrait au moins douze dans une Crèche ordinaire de la même importance. Elles travailleraient davantage, et avec de moindres résultats.

Il y a donc, dans les dispositions proposées,

**ÉCONOMIE,**

**GARANTIES HYGIÉNIQUES,**

**AMÉLIORATION DANS LES HABITUDES DE L'ENFANT.**

*Observation.* — Il est une amélioration qui sera, plus

# CRÈCHE  MODÈLE.

PLAN.

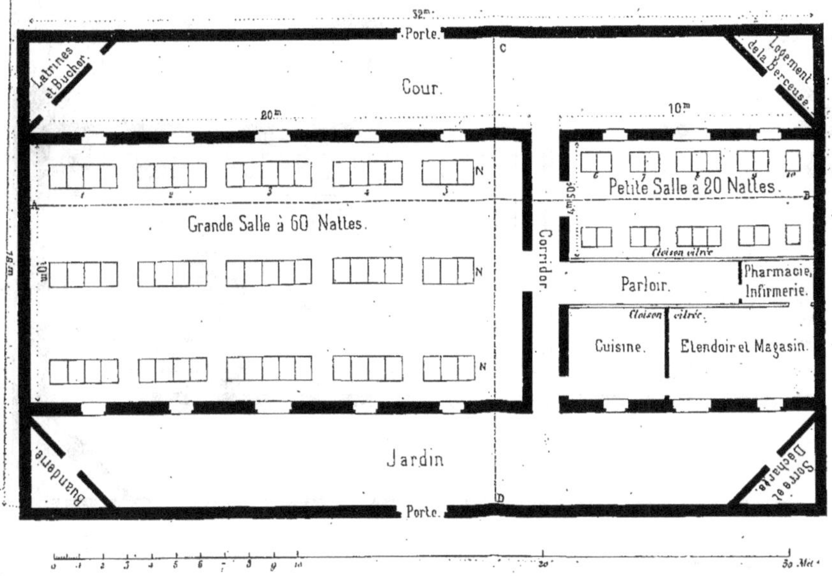


COUPE DES DEUX SALLES SUR LA LIGNE, A.B.

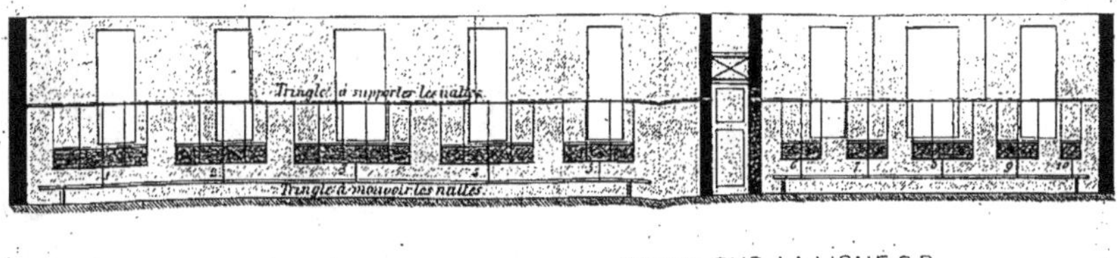


GROUPE DE NATTES N° 3, DU PLAN.

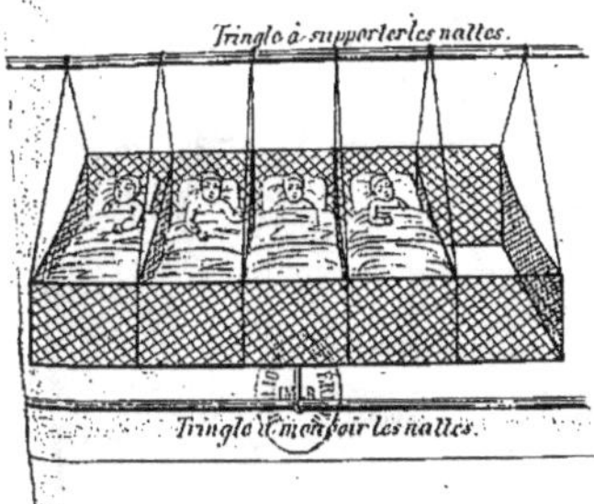


COUPE SUR LA LIGNE, C.D.

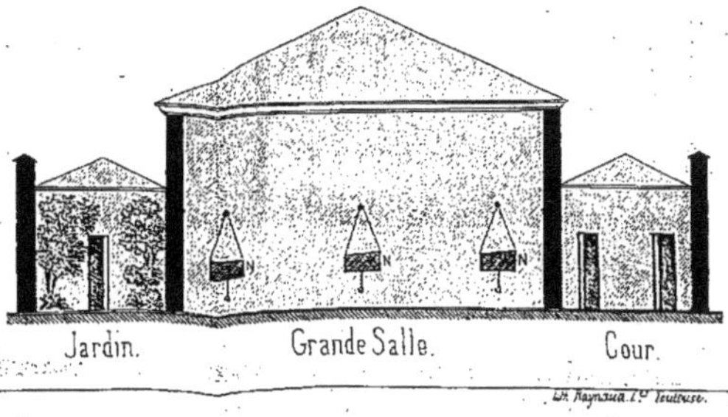


Jardin. Grande Salle. Cour.

# CRÈCHE MODÈLE.

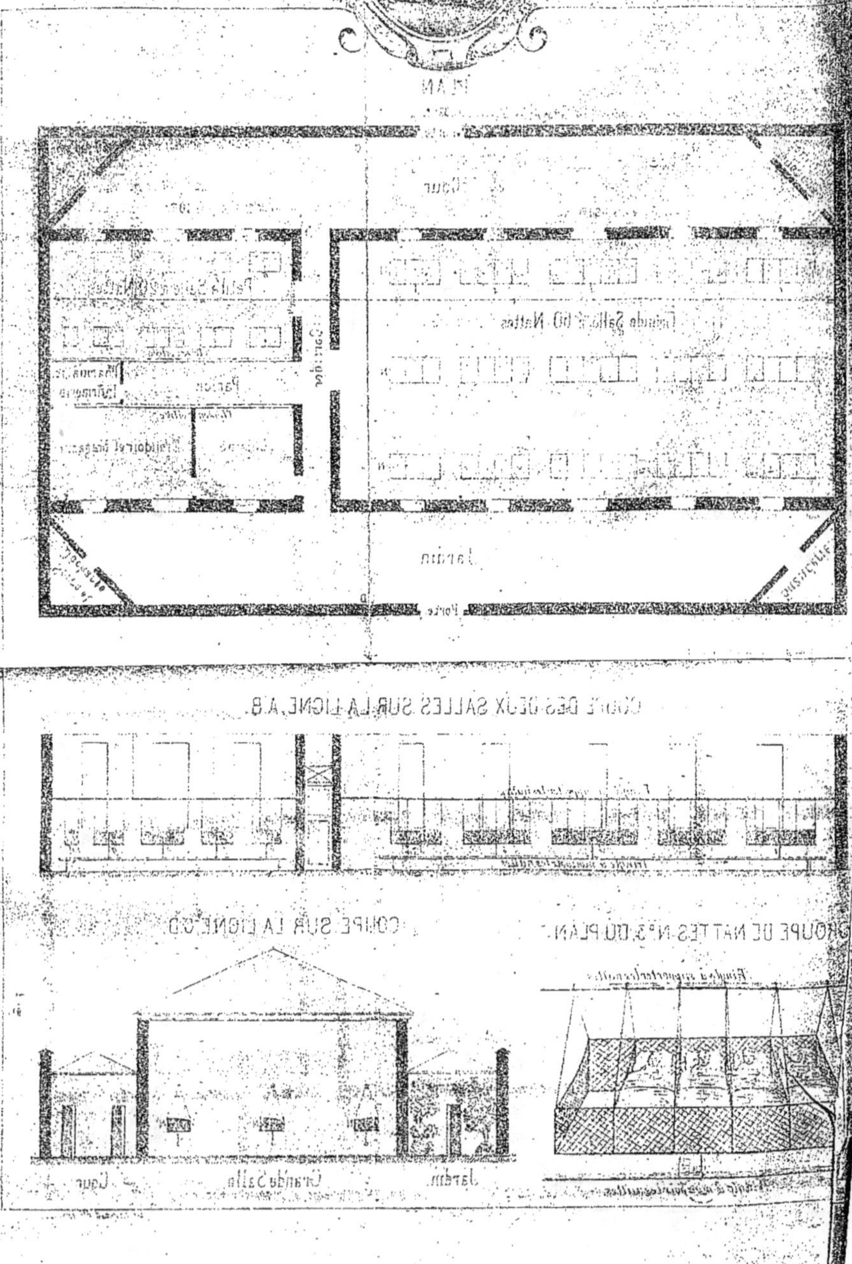

tard, nous l'espérons, introduite dans toutes les Crèches. Quoique nous y attachions la plus haute importance, nous la mentionnons seulement pour mémoire, parce que le plus urgent aujourd'hui est d'arracher à la misère et à l'isolement les pauvres enfants et leurs familles.

Un grand écrivain l'a dit : « Celui qui sent vivement la » musique ne saurait être un malhonnête homme. » Dans tous les actes de la vie, le rhythme exerce une influence marquée... Or, des expériences qu'il serait trop long de citer, démontrent que l'éducation du sens de l'*ouïe* doit commencer dès le bas âge, de six mois à deux ans.

Nous voudrions, en conséquence, que chaque Crèche eût son orgue-harmonium, dont la douce harmonie accompagnerait les principales manœuvres de la journée, telles que distribution d'aliments, etc. etc. etc...

## Possibilité de la Réalisation.

### Devis Estimatif.

Les frais probables pour l'établissement d'une Crèche se divisent en frais généraux de fondation, et frais d'entretien.

Nous examinerons à part ces deux genres de dépense.

### Fondation.

| | | |
|---|---|---|
| La construction des murs, la charpente et autres frais d'aménagement de la Crèche, prête à recevoir les nattes, s'élève à une somme de. . . . . . . | 8000 fr. | 00 c. |
| Les berceaux en osier coûtent chacun 1 fr. 50 c. . . . . . . . . . . | 120 | 00 |
| *A reporter*. . | 8120 | 00 |

| | | |
|---|---|---|
| *Report.* . . | 8120 | 00 |
| Frais d'installation, tringles et crochets. | 50 | 00 |
| Calorifère, chaudière et tuyaux de distribution. . . . . . . . . . . . | 250 | 00 |
| Siéges et bancs pour le parloir et pour les berceuses. . . . . . . . . . | 150 | 00 |
| Biberons, éponges et autres ustensiles. | 150 | 00 |
| Total des frais. . . . | 8720 fr. | 00 c. |

Dans le cas où l'on voudrait construire le bâtiment, il y aurait donc une première mise de fonds de 8720 fr. à consacrer aux constructions et à l'aménagement.

Mais nous pensons qu'il serait plus convenable de chercher un local où, moyennant quelques réparations, on pût satisfaire aux exigences du plan.

Ce serait alors une dépense approximative de 1000 fr. pour les réparations, plus un loyer à payer tous les ans.

Examinons quelles seraient en ce cas les dépenses annuelles.

| | | |
|---|---|---|
| Loyer de la maison. . . . . . . | 150 fr. | 00 c. |
| Une berceuse en chef, 1 fr. 50 c. par jour et le logement. . . . . . . . | 547 | 50 |
| Sept berceuses à 1 fr. par jour. . . | 2555 | 00 |
| Aliments des enfants sevrés ou non, lait, beurre, semoule, à 12 centimes par jour, l'un portant l'autre. . . . . . . | 3504 | 00 |
| Combustible, savon, etc. etc. etc., 2 fr. par jour. . . . . . . . . . . . | 750 | 00 |
| | 7506 fr. | 50 c. |

Total des dépenses annuelles, toutes évaluées au maximum, 7506 fr. 50 c. pour quatre-vingts enfants.

Il ne faut pas oublier qu'une première mise de mille

francs a été consacrée aux réparations, et que l'installation complète de la Crèche coûte en tout 1720 fr. Une première mise de 1720 fr. serait donc nécessaire.

L'établissement fondé, comment couvrir la dépense annuelle de 7506 fr. 50 c. ?

On exige à Paris 20 centimes par jour par enfant... Supposons que cette somme soit versée à notre Crèche par la mère ou par une personne qui se chargerait d'un berceau, les recettes de la Crèche s'élèvent à 16 fr. par jour pour les quatre-vingts berceaux, ce qui fait 5840 fr. par an à déduire des 7506 fr. 50 c., total des dépenses; en tout 1666 fr. 50 c. seulement à prélever sur les dons annuels, MOINS DE 5 FRANCS PAR JOUR.

Toulouse aura bientôt sa Crèche-Modèle :

HOMMES FAITS ET JEUNES-GENS OPULENTS, vous qui, dans l'ennui d'une vie oisive, ressentez quelquefois au fond de l'âme le besoin de faire taire les cris de votre conscience par le souvenir d'une bonne œuvre, donnez, donnez à la Crèche ! là sont les fils de ceux qui consacrent leurs jours et leurs nuits au travail pénible dont vous seuls profitez. Ces enfants seront des hommes plus tard, et eux aussi consacreront leur vie à créer pour vous les produits du luxe dont ils ne pourront pas jouir.

FEMMES, dont le cœur s'émeut devant chaque souffrance, vous surtout à qui Dieu refusa le doux privilége de la maternité, voici vos enfants. Donnez-leur, et surtout visitez-les, prodiguez-leur des caresses maternelles... Dieu lui-même l'a dit... Le fils du pauvre, c'est le fils de tous.

ENFANTS RICHES, dont les moindres caprices étaient devinés par la sollicitude maternelle, vous à qui tout a souri, depuis que vos yeux se sont ouverts à la lumière, vous ignorez qu'on puisse souffrir autour de vous. Apprenez qu'il y a de petits anges blonds et roses comme vous qui souffrent de la faim et du froid, qu'on laisse seuls, tous seuls dans leur berceau pleurer et se désoler, sans qu'aucune main vienne les bercer, sans qu'aucune voix vienne murmurer à leurs oreilles de douces paroles ; vous en qui tout est pur encore, jeunes enfants riches, oh! donnez à la Crèche, et vos mères vous aimeront plus tendrement encore s'il est possible, et Dieu vous bénira.

---

Les frais de la publication ont été couverts par une souscription après une séance à l'Athénée, sur les Institutions de Charité. La souscription réunit des signatures pour une somme de 101 fr. 25 c.

La brochure a été tirée à mille exemplaires.

---

Plusieurs personnes ont déjà annoncé à l'auteur du projet qu'elles s'associeraient avec bonheur à l'œuvre de fondation. Une de ces personnes souscrit pour cinq cents francs.

M. Delboy, Libraire, rue de la Pomme, reçoit les promesses de Souscription, qui ne deviendront obligatoires, que lorsque la masse aura couvert l'ensemble des frais.

www.ingramcontent.com/pod-product-compliance
Lightning Source LLC
Chambersburg PA
CBHW060732280326
41933CB00013B/2604